Eine absolute
Beziehung
zum Leben

Eine absolute Beziehung zum Leben

**Eine Rede
über Erleuchtung
und den
menschlichen Zustand**

ANDREW COHEN

Aus dem Amerikanischen von Tomas Lieten

Copyright © der deutschen Ausgabe
Eb Schmidt Verlag, Köln, 1998

Copyright © der Originalausgabe
Moksha Foundation, Inc., P.O. Box 2360, Lennox, Massachusetts 01240, USA, 1997

Alle deutschen Rechte vorbehalten. Nachdruck und
fotomechanische Wiedergabe, auch auszugsweise, nur nach
Genehmigung durch den Verlag.

Original Design: Lysander le Coultre und Nancy Hoffmeier
Original Titelphotographie: Doug Ciarelli

Die Deutsche Bibliothek - CIP Einheitsaufnahme

Cohen, Andrew:
Eine absolute Beziehung zum Leben : eine Rede über Erleuchtung
und den menschlichen Zustand / Andrew Cohen. [Aus dem
Amerikan. von Tomas Lieten]. -Köln : Eb Schmidt, 1998
ISBN 3-9805592-2-X

Printed in Germany

Vorbemerkung

Ich begann 1986 zu unterrichten und seither, in mehr als zehn Jahren, habe ich etwas Wichtiges gelernt: spirituelle Erfahrungen an und für sich, wie profund auch immer sie erscheinen mögen, führen normalerweise nicht zu einer dauerhaften Erleuchtung. In den meisten Fällen scheinen sie auch nicht das Verhältnis des Menschen zu den drei verwirrendsten Aspekten seiner Existenz in wirklich tiefer Weise zu transformieren: Sein Verhältnis zu der Bewegung der Zeit, der Gegenwart von Gedanken und dem Entstehen von Gefühlen. Tatsächlich scheinen die Bewegung der Zeit, die Gegenwart von Gedanken und das Entstehen von Gefühlen jedem, bis auf wenige Ausnahmen, das Bewußtsein einer absoluten Tiefe sofort zu verschleiern. Ohne dieses Bewußtsein einer absoluten Tiefe ist die direkte Wahrnehmung der wahren und richtigen Verhältnisse aller Dinge unmöglich.

Es ist mir überaus klar geworden, daß auf lange Sicht eher die zielgerichtete *Kontemplation* unseres tatsächlichen Verhältnisses zu diesen fundamentalen Aspekten unserer Erfahrung und nicht kurze Intervalle nicht-dualer Wahrnehmung das kraftvolle Fundament erschafft, auf dem sich unterscheidende Weisheit - eine Weisheit, die befreit - manifestieren kann.

Diese Rede wurde ohne Vorbereitung in Amsterdam in Holland am 10. Juli 1996 gehalten und ist im darauffolgenden Dezember der Deutlichkeit wegen überarbeitet worden.

Vorwort

„Könnte ich mit John Wren-Lewis sprechen?", fragte eines Tages im Jahr 1990 eine unbekannte amerikanische Stimme am anderen Ende der Leitung und fügte hinzu: „Hier spricht Andrew Cohen aus Kalifornien." Ich war völlig überrascht. Ja, ich kannte seinen Namen, ich hatte ihm einige Wochen zuvor aus meinem Wohnort in Sydney geschrieben, auf die Empfehlung eines britischen Akademikers hin, der eine Liste von modernen spirituellen Lehrern des Westens zusammengestellt hatte. Aber ich wußte nichts über Andrew außer der Versicherung meines Freundes, daß er einer der wenigen sei, die von Person zu Person ansprechbar seien, und kein erhöhter Meister, der nur für ein Lehrer-Schüler-

Verhältnis offen ist. Ich hatte als Antwort höchstens einen Brief erwartet, aber hier war der Mann selbst am Telefon und erklärte, daß er bis jetzt in Indien gewesen sei und fuhr fort, alle möglichen forschenden Fragen zu meinem Brief zu stellen. Ich war beeindruckt: Hier war ein spiritueller Lehrer, der wirklich anders war.

Unsere Freundschaft ist seitdem stetig gewachsen und dieses Vorwort zu schreiben, schließt auf eine gewisse Weise den Kreis. Denn mein Bedürfnis, Andrew damals anzusprechen, entstand, als ich einige Jahre zuvor mir nichts dir nichts in ebenjenes „absolute Verhältnis zum Leben" geworfen wurde, über das dieses Buch spricht. Ich hatte keinerlei spirituellen Weg verfolgt oder irgendeine Art von Erleuchtung gesucht, denn als Wissenschaftler hielt ich die ganze Idee mystischen Bewußtseins für bedeutungslose Mystifikation. Aber 1983 fand ich mich durch eine zufällige Vergiftung am Rande des

Todes und kam von dieser Grenze - einem völligen Stillstand von Zeit, Gedanken und Gefühlen - zurück mit einem gänzlich neuen Identitätsbewußtsein.

Zuvor hatte ich mich und jeden anderen als separate Person gesehen; hatte geglaubt, jeder von uns nutze sein Denken, um das Leben im Raum-Zeit-Kontinuum zu erhalten und zu verbessern, und bewerte das Ergebnis anhand guter oder schlechter Gefühle. In starkem Kontrast hierzu erfuhr ich mich nun als Ungeteiltes Leben, das sich *in die* Zeit *hinein* bewegt, mit Gedanken und Gefühlen einfach als vorübergehenden Strömungen in einem wunderbar unpersönlichen Lebensfluß. Tatsächlich wurden mir ebenjene Veränderungen auferlegt, über die Andrew in diesem Buch als notwendige Elemente wahrer Freiheit spricht. Ich fand genau das, was er hier betont - nämlich, daß die veränderte Identität keineswegs eine Bewegung „aus dieser Welt hinaus" ist. Im Gegenteil, sie gab mir eine Freiheit in dieser Welt zu leben, die ich nie zuvor für möglich gehalten hatte. Aber ich fand auch, daß sich auf eine solche Freiheit einzustellen, ständig Probleme hervorruft, die nur Leute beginnen können zu verstehen, die selbst das Wissen um das absolute Verhältnis zum Leben haben.

So kann ich nun aus eigener, direkter Erfahrung die Genauigkeit und Wichtigkeit der spirituellen Lebensweise bestätigen, die Andrew in den folgenden Seiten ausführt. Er betont die radikale, tagtägliche Revolution gegen die übliche menschliche Einstellung zu Zeit, Gedanke und Gefühl, die die Mitglieder jeder ernsthaften spirituellen Gemeinschaft in jedem Augenblick in ihrem Verhältnis zueinander und zur Welt entdecken und erhalten müssen. In der Tat übersetzt er in alltägliche Praxis, was T.S. Eliot im Höhepunkt seines großen spirituellen Gedichts *„Little Gidding"* folgendermaßen beschrieb:

Ein Zustand völliger Einfachheit
der nicht weniger als alles kostet.

Und einer revolutionären Botschaft wird hier durch Moksha Press[1] ein revolutionäres Medium gegeben. Durch die Präsentation dieser und anderer besonderer Vorträge Andrews im Taschenbuchformat, das innerhalb einer Stunde gelesen werden kann, hat der Verlag ein Format wiederbelebt, das durch den Wandel des Buchmarkts in den letzten Jahrzehnten sehr selten geworden ist, das jedoch in der Vergangenheit eine vitale Rolle in Revolutionen sozialer wie auch spiritueller Art gespielt hat. Ich bin glücklich, ein Vorwort zu einem solchen Traktat für die Geschichte beizutragen.

John Wren-Lewis
Ehrenmitglied der
Schule für religiöse Studien
Universität Sydney

---

[1] Moksha Press ist der amerikanische Herausgeber.

Einleitung

Sehr wenige Menschen denken tief über das Leben nach. Und von jenen, die es tun, denken noch wenigere tief darüber nach, was es bedeutet, ein Mensch im Verhältnis zu dem zu sein, was jenseits aller Maßstäbe liegt, dem Absoluten.

Was bedeutet es, eine Beziehung zum Leben zu haben, die absolut ist? Indem wir uns diese einfache Frage stellen, kann alles enthüllt werden.

Es ist mir in den Jahren, in denen ich lehre, deutlich geworden, daß die meisten Menschen keine *absolute Beziehung zum Leben* haben. In der Tat scheint schon allein der Gedanke an eine Beziehung zum Leben, die absolut ist, für die meisten von uns überwältigend in seinen

Implikationen zu sein. Aber für jene unter uns, die ein ernsthaftes Interesse daran haben, sich von Furcht, Ignoranz und Selbstbetrug zu befreien, ist die Kontemplation der Bedeutung einer Beziehung zum Leben - zu jeglicher menschlichen Erfahrung -, die absolut ist, unumgänglich. Denn ohne ein klares Verständnis dessen, was eine *absolute Beziehung zum Leben* wirklich ist, wird die Möglichkeit eines echten Sieges über Furcht, Ignoranz und Selbstbetrug nur ein bloßes Gedankenspiel bleiben.

Um zu verstehen, was eine *absolute Beziehung zum Leben* ist, werde ich über einige der fundamentalen Komponenten der erleuchteten Perspektive sprechen. Ich werde über eine Möglichkeit sprechen, unsere eigenen Erfahrungen aus der erleuchteten Perspektive zu betrachten, anstatt aus einer Perspektive, die auf Ignoranz und Verblendung gegründet ist.

Die Frage, die ich stellen möchte, heißt: Was heißt es, eine *absolute Beziehung zum Leben* zu haben? Was heißt es, eine absolute Beziehung zur menschlichen Erfahrung zu haben?

Teil 1

Eine absolute Beziehung zur Zeit

*E*s gibt drei fundamentale Komponenten der erleuchteten Perspektive, deren Betrachtung essentiell ist, wenn man feststellen will, was eine absolute Beziehung zum Leben tatsächlich bedeutet. Die erste ist unser Verhältnis zur Zeit und dem Vergehen der Zeit.

Aus der erleuchteten Perspektive gesehen, bedeutet eine absolute Beziehung zur Zeit und zu dem Vergehen der Zeit, daß wir *aufgehört* haben *zu warten*.

Da unser Verhältnis zur Zeit und zum Vergehen der Zeit nicht absolut ist, verbringen die meisten von uns, ohne sich dessen bewußt zu sein, fast ihr ganzes Leben gefangen in einem Prozeß endlosen Wartens. Eine absolute Beziehung zur Zeit zu haben bedeutet, daß wir auf eine absolute Weise aufgehört haben zu warten, im Verhältnis zur gesamten Erfahrung des Lebens.

Wenn wir nun erkennen können, daß wir fast unser ganzes Leben gefangen im Prozeß des Wartens verbringen, wird deutlich, daß sich *alles* ändern würde, wenn wir auf eine absolute Weise aufhören könnten zu warten - absolut heißt vollständig, bedingungslos. Denn sehen Sie, wenn wir in unserem grundlegenden Verhältnis zum Leben immer warten, wird unsere Beziehung zur Zeit und zum Vergehen der Zeit immer beschränkt sein *müssen*. Wenn wir in unserem grundlegenden Verhältnis zum Leben im Prozeß des Wartens gefangen sind, werden wir immer in einem Zustand der Erwartung dessen leben, was noch kommt.

Warum tun wir das? Weil wir hoffen, daß in der Zukunft unsere Erfahrung des Lebens besser wird. So einfach ist es. Wir leben in der ständigen Hoffnung, daß die Zukunft besser wird. Es ist offensichtlich, daß es unmöglich ist zu erfahren, was es heißt, JETZT ganz zu leben, wenn wir ständig in diesem Prozeß des Wartens auf Veränderung und Verbesserung gefangen sind.

Wenn unsere Beziehung zur Zeit und zum Vergehen der Zeit nicht absolut ist, *werden wir fortfahren zu warten*, egal was geschieht und was wir erleben, positiv oder negativ, angenehm oder unangenehm. Auch wenn wir das Glück haben, wahre Glückseligkeit zu erfahren, werden wir weiterhin warten. Warum? Weil wir, ohne es zu merken, bereits das Ende des Glücks erwarten. Genauso werden wir, wenn wir intensive Furcht oder quälende Zweifel erleben, nicht völlig präsent sein, nicht ganz lebendig sein, da wir noch immer im Prozeß des Wartens gefangen sind - dem Warten auf das Ende dieser Erfahrung.

Genauer betrachtet können wir sehen, daß dieses ständige Warten im Verhältnis zur Zeit und ihrem Vergehen auf einer emotionalen und psychologischen Ebene einfach ein Zurückhalten unserer selbst darstellt. Ein grundlegendes Zurückhalten im Verhältnis zur Erfahrung des Lebens. Wir warten darauf loszulassen; wir warten darauf, daß sich die Dinge ändern; wir warten darauf, uns vollständig hingeben zu können; aber in der Zwischenzeit warten wir. Deshalb scheint es, daß so wenige von uns ganz lebendig sind. Deshalb scheinen so wenige von uns *wirklich* präsent zu sein.

Wenn wir im Verhältnis zur Zeit und zu ihrem Vergehen ständig warten, werden wir in einem Zustand fast endloser Ablenkung leben - endloser Ablenkung, weil wir in ständiger Erwartung dessen leben, was noch kommen könnte. Dies ist ein Zustand der Gefangenschaft.

Wenn wir spirituelle Einsicht erfahren, erkennen wir, daß der Grund unseres Leidens, der Grund, warum unsere fundamentale Erfahrung des Lebens die von Begrenzung ist, nicht darin liegt, daß es etwas Wundervolles gibt, das wir noch nicht erlebt haben, sondern nur darin, daß wir, ohne es zu bemerken, es vorziehen zu warten. Wenn wir dies wirklich für uns selbst erkennen, hören wir einfach auf zu warten. Darin allein verändert sich alles.

Eine absolute Beziehung zur Zeit ist eine, in der wir auf eine absolute Weise aufgehört haben zu warten. Das heißt, wir haben aufgehört darauf zu warten, daß irgendetwas Grundlegendes geschieht, um sein zu können.

Teil 2

Eine absolute Beziehung zum Denken

Was ist eine absolute Beziehung zu Gedanken und zum Denken? Die zweite Komponente der erleuchteten Perspektive ist unsere Beziehung zum Denken. Viele bedeutende spirituelle Lehrer der Vergangenheit und Gegenwart haben gesagt, daß unser fundamentales Problem durch die genaue Betrachtung unseres Verhältnisses zum Denken gefunden werden kann. Wir hören dies immer wieder. Was also ist eine absolute Beziehung zu Gedanken und zum Denken aus der Perspektive einer absoluten Beziehung zum Leben?

Jeder Mensch, der auch nur ein wenig Selbsterforschung betrieben hat, wird für sich erkannt haben, daß er den Großteil seiner Zeit in Gedanken verloren und mit Denken beschäftigt ist. Man könnte fast sagen, *zwanghaft* mit Gedanken und dem Denken beschäftigt ist. Tatsächlich scheint es nur wenige Momente im Leben zu geben, in denen wir uns angenehm frei finden und nicht abgelenkt durch das Denken. Und jene Momente, in denen wir uns nicht durch Gedanken abgelenkt finden, sind fast immer Augenblicke intensiven Glücks, großer Freude und, am wichtigsten von allem, tiefen Friedens. Es scheint wirklich, daß es uns nicht möglich ist, tiefen Frieden zu erfahren, wenn wir in Gedanken und Denken verloren sind.

Ein absolutes Verhältnis zum Denken ist ein freies, ein befreites Verhältnis. *Ein absolutes Verhältnis zu Gedanken ist eines, in dem das Individuum keinerlei Zweifel daran hegt, daß Gedanken nur Gedanken sind.* Es ist sehr einfach. Sie müssen verstehen, daß alles, was ich hier sage, *täuschend* einfach klingt. Bitte lassen Sie sich dadurch nicht irreführen. Es ist eine Sache zu erklären, daß eine absolute Beziehung zum Denken bedeutet, den Gedanken als bloßen Gedanken zu erkennen. In der Theorie ist dies sehr einfach, aber die praktischen Implikationen der Erkenntnis, daß Denken nur Denken und *nichts als Gedanke* ist, sind enorm. Tatsächlich ist es ja so, daß die meisten von uns in der Abgeschiedenheit ihrer eigenen inneren Welt große Schwierigkeiten damit haben zu glauben, daß Gedanken nur Gedanken sind.

Was heißt es eigentlich, wenn ich sage, daß Gedanken nur Gedanken sind? Es heißt, der Gedanke *ist nicht Selbst*. Dies ist die grundlegendste spirituelle Einsicht - daß der Gedanke *nicht* Selbst ist, daß Denken *nur* Denken ist. Sehen Sie, ohne diese Erkenntnis nehmen wir blind an, daß die Gedanken und das Denken wirklich das Selbst sind, das *persönliche* Selbst.

Während wir zum Beispiel die Straße hinuntergehen, kann es sein, daß wir ohne es zu erwarten, einen tugendhaften Gedanken haben. Als Resultat glauben wir dann, ein „guter" Mensch zu sein. Wenige Minuten später jedoch ertappen wir uns zu unserem Leidwesen bei widerwärtigen, gemeinen und bösartigen Gedankengängen und glauben nun, deshalb ein „schlechter" Mensch zu sein. Diese Art Verwirrung geschieht ständig, denn ohne es zu erkennen, glauben wir immer und immer wieder, daß *wir das sind, was wir denken*.

Eine absolute Beziehung zum Denken heißt, daß das Individuum entdeckt hat, daß Denken an und für sich nur Denken ist und *keine Selbst-Natur hat*. Was heißt das?

Es heißt, daß die bloße Präsenz von Gedanken überhaupt keine Bedeutung hat, außer der, die wir ihnen geben wollen.

Noch einmal, eine absolute Beziehung zum Denken ist eine, in der das Individuum für sich selbst jenseits allen Zweifels erkannt hat, daß Denken an und für sich keine Bedeutung hat, außer der, die wir ihm geben wollen. DAS IST SEHR WICHTIG. *Da die meisten Menschen keine absolute Beziehung zu Gedanken und dem Denken haben, verbringen sie fast ihr ganzes Leben abgelenkt durch die Bewegung bloßer Schatten, von denen sie glauben, es seien wirkliche Wesenheiten, die enorme Macht und große Bedeutung haben. Deshalb erfahren sie nur selten intensives Glück, profunde Freude oder tiefen Frieden.*

Teil 3

Eine absolute Beziehung zu Gefühlen

Die dritte Komponente der erleuchteten Perspektive ist unsere Beziehung zur Erfahrung von Gefühlen. Wenn wir die Frage stellen, was eine absolute Beziehung zum Leben ist, müssen wir fragen: Was ist eine absolute Beziehung zur Erfahrung von Gefühlen?

Wenn ich über die Erfahrung von Gefühlen spreche, beziehe ich mich auf unser Verhältnis zu Freude und Vergnügen einerseits und unser Verhältnis zu Angst und Unsicherheit andererseits. Was ist eine absolute Beziehung zur Erfahrung von Freude, von angenehmen Gefühlen? Und was ist eine absolute Beziehung zu Gefühlen, die uns herausfordern und schwierig sind, zu Angst und Unsicherheit?

Wenn wir menschliche Erfahrung genau betrachten, werden wir feststellen, daß wir im Grunde leben, um so viel Freude wie möglich zu erfahren, während wir gleichzeitig bemüht sind, die Erfahrung von Angst und Unsicherheit so gering wie möglich zu halten. Das ist verständlich. Wer würde sich nicht gerne gut fühlen und wer würde sich gerne schlecht fühlen?

Bei genauerem Hinsehen stellen wir fest, daß die Perspektive, die wir auf unsere eigene Erfahrung haben, und deshalb auch auf die gesamte Erfahrung menschlichen Lebens, grundlegend von der Bewegung der Gefühle dominiert zu sein scheint. Wenn wir glücklich sind, scheint die Erfahrung des Lebens gut zu sein. So vieles scheint möglich, wenn wir glücklich sind. Wenn wir *wirklich* glücklich sind, glauben wir sogar, daß es möglich ist, in diesem Leben frei zu sein. Angesichts tiefen Glücks scheint alles möglich. Wenn dieses Gefühl aber nicht vorhanden ist, oder noch schlimmer, wenn wir uns schrecklich fühlen, wenn wir mitten in fürchterlicher Angst und Unsicherheit stecken, möchten wir von der Möglichkeit der Befreiung nicht einmal hören.

Eine Beziehung zur Bewegung von Gefühlen, die nicht absolut ist, ist eine, in der unsere Beziehung zu unserer Erfahrung sich ständig verändert, je nachdem wie wir uns fühlen. Es ist in der Tat aufschlußreich, das Ausmaß zu erkennen, in dem unsere Perspektive schwankt und sich verändert, je nachdem wie wir uns gerade fühlen.

Wenn wir zum Beispiel Freude erleben, haben wir viel mehr Platz für andere in uns; wenn wir allerdings unangenehme Erfahrungen machen, fällt es uns schwer, an jemand anderem als uns selbst Anteil zu nehmen. Seitdem ich lehre, habe ich bemerkt, daß die Perspektive von Menschen, die Freude oder Glückseligkeit zu empfinden beginnen, automatisch sehr weit wird. Als Resultat davon würden sie erklären: „Meine Güte, ich bin nicht allein auf dieser Welt!" Und in dem Moment, wo die gleiche Person Furcht oder Verwirrung empfindet, würde diese neu gefundene erweiterte Perspektive normalerweise verschwinden. Plötzlich ist das einzige, dessen sie sich bewußt sind, die Tatsache, daß es ihnen nicht gut geht, und sie scheinen nicht in der Lage, darüber hinaus zu sehen.

Es ist genau dieser Verlust an Perspektive, der so viele von uns unverläßlich sein läßt. Ohne es zu erkennen, erlauben wir es uns, von unseren Gefühlen dominiert zu werden. Wir lassen es zu, daß unsere Perspektive und damit unsere gesamte Erfahrung des Lebens von unseren emotionalen Erfahrungen beherrscht wird. Es ist faszinierend zu sehen, wie der Ausdruck der Persönlichkeit sich einfach nur wegen der Gegenwart verschiedener Gefühle auf subtile Art und Weise endlos verändert und verschiebt.

Eine absolute Beziehung zur Erfahrung von Gefühlen ist eine, in der die Persönlichkeit EINE Beziehung zum Leben ausdrückt - eine Perpektive, ein Selbst. Und der Ausdruck dieses einen Selbst hängt nicht länger von der Gegenwart irgendeines bestimmten Gefühls ab. Tatsächlich ist eine absolute Beziehung zur Erfahrung von Gefühlen Befreiung von emotionaler Sklaverei, Befreiung von der fast endlosen Tyrannei, die die meisten von uns, ohne sich dessen voll bewußt zu sein, gefangen hält.

Eine absolute Beziehung zur Erfahrung von Gefühlen wird möglich, wenn das Individuum erkennt, daß die Gegenwart eines bestimmten Gefühls nicht notwendigerweise irgend etwas über die Person aussagt, die das Gefühl empfindet. Das würde heißen, daß unsere Perspektive auf unsere Erfahrung nicht länger von der Bewegung bestimmter Gefühle dominiert wird. Deshalb wäre eine fundamentale Perspektive im Verhältnis zu all unseren Erfahrungen, egal ob wir großes Glück und Freude empfinden, oder Furcht und Verwirrung, unerschütterlich.

Teil 4

Eine absolute Beziehung zum Leben

*E*s ist sehr wichtig, die Frage „Was ist eine absolute Beziehung zum Leben?" im größtmöglichen Zusammenhang zu stellen. Allzuleicht geschieht es, daß wir uns in unserer Suche nach Freiheit nur mit unserer Beziehung zur Zeit oder nur mit unserer Beziehung zum Denken oder nur mit unserer Beziehung zu Gefühlen befassen. Wenn wir so vorgehen, verfehlen wir die größtmögliche Perspektive. Die größtmögliche Perspektive muß alle drei beinhalten.

Noch einmal, in unserer Beziehung zur Erfahrung von Zeit müssen wir uns fragen: Warte ich? Warte ich *andauernd?* Macht die Tatsache, daß ich warte, es mir unmöglich zu erfahren, was es heißt, wirklich zu leben? Und wenn die Antwort Ja ist, würden wir dann aufhören zu warten? Würden wir den Mut haben, das überwältigende Risiko auf uns zu nehmen und aufhören zu warten? Wenn wir diesen Mut hätten, würden wir ein Maß der Verletzlichkeit entdecken, an das zu denken allein schon unerträglich wäre, ganz zu schweigen von ihrer direkten Erfahrung. Wenn wir wirklich aufhören zu warten, bleibt uns keine Zukunft - was bedeutet, *das ist es*. Keine Zeit der Vorbereitung mehr, keine zweite Chance. Genau das bedeutet es. Wenn wir aufhören zu warten, halten wir nicht länger zurück - wir geben *alles*. Wenn wir alles geben, bleibt uns nichts. Und darum geht es - *wenn* wir frei sein wollen.

In unserer Beziehung zum Denken, wenn es stimmt, daß Denken nur Denken ist, daß der Gedanke nicht Selbst ist, *müssen wir den Mut haben, dies ernst zu nehmen*.

Plötzlich will die Frage, wer wir wirklich sind, beantwortet werden. Wer bin ich, der oder die glaubte, dieser oder jener Gedanke zu sein? Wer bin ich, der nun erkannt hat, daß ich nicht bin, was ich denke, daß ich es nie war und nie sein könnte? *Wer bin ich?*

Wenn wir dieser Untersuchung bis zum Ende folgen, enthüllt sich ein unfaßbares Mysterium, und man *muß* bereit sein, es anzunehmen, wenn man es ernst meint. Sehen Sie, wenn wir wahrhaftig, nicht nur intellektuell, sondern direkt und aus der Erfahrung heraus erkennen, daß wir nicht Gedanke oder Denken sind, entdecken wir Raum, *unendlichen Raum*. Und letztendlich ist es diese direkte, aus der Erfahrung gewonnene Entdeckung jenes unendlichen Raums, die unser Potential enthüllt, frei von Gedanken und Denken zu sein. Es ist diese Entdeckung, die die Macht hat, uns von dem zwanghaften und hypnotischen Glauben zu befreien, daß Denken das Selbst ist.

In unserer Beziehung zu Gefühlen sind die meisten von uns in einem Maße versklavt, das erschreckend ist. Wir sind so leicht verwirrt angesichts von Angst. Und in der Verwirrung, die die Angst in uns hervorruft, verlieren wir unser Gleichgewicht und haben plötzlich Schwierigkeiten uns zu erinnern, was richtig und was falsch ist. Allzuoft sind wir dazu bereit, ohne uns dessen bewußt zu sein, unsere Seele zu verkaufen, um nur einige wenige Momente der Erleichterung zu erfahren. Wir sind nur allzu bereit, Kompromisse einzugehen, einfach um zu fliehen. Das ist die Misere unseres Zustands. Das ist die tragische Verfassung, in der sich die meisten von uns befinden.

Wie wäre es, nicht länger ein Sklave unserer Erfahrung von Gefühlen zu sein? Wären wir nicht länger Sklaven unserer Erfahrung von Gefühlen, würden wir im Angesicht von Angst nicht schwanken. Wären wir nicht länger Sklaven unserer Erfahrung von Gefühlen, *würden wir uns sogar von einer ekstatischen Erfahrung nicht beirren lassen.*

Wenn wir frei sein wollen, bedeutet unsere Beziehung zur Zeit, unsere Beziehung zum Denken und unsere Beziehung zu Gefühlen ALLES - den Unterschied zwischen Himmel und Hölle, Freiheit und Sklaverei. Wenn wir uns nur die Frage stellen „Was ist eine absolute Beziehung zum Leben?", können wir alles finden, was man wissen muß, um ein befreiter Mensch zu sein.

Andrew Cohen ist nicht einfach ein spiritueller Lehrer - er ist ein inspirierendes Phänomen. Seit seiner Erweckung 1986 lebt, atmet und spricht er nur eine Sache: die Möglichkeit völliger Befreiung aus den Fesseln der Ignoranz, des Aberglaubens und des Egoismus. Unfähig sein unaufhörliches Forschen zu beschränken, hat er das „Juwel der Erleuchtung" von allen Seiten betrachtet und eine Lehre ins Leben gerufen, die umfassend und subtil und doch unvergleichlich direkt und revolutionär in ihrer Wirkung ist.

Durch seine öffentlichen Vorträge, seine Bücher und seine Begegnungen mit spirituellen Persönlichkeiten fast aller Traditionen hat er unermüdlich versucht, seine Entdeckung zu vermitteln. Die Entdeckung, daß die wahre

Bedeutung spiritueller Befreiung in deren Potential liegt, nicht nur den einzelnen, sondern die gesamte Weise zu verändern, in der wir als Menschheit zusammen leben. In scharfem Kontrast zu dem heute so sehr um sich greifenden Zynismus und doch auch eingedenk der schwierigen Herausforderungen, die sich uns stellen, hat er gewagt zu lehren und zu zeigen, daß es wirklich möglich ist, den Himmel auf die Erde zu bringen. Diese kraftvolle Botschaft von Einheit, Offenheit und Liebe hat viele, die sie vernommen haben, zusammengeführt, um durch ihr Leben den Beweis für ihre Wirklichkeit anzutreten und so eine sich stetig ausbreitende, internationale Revolution von unerhörter Lebendigkeit und Bedeutung zu entfachen.

BÜCHER VON ANDREW COHEN

Freedom Has No History
The Challenge of Enlightenment
An Unconditional Relationship to Life
Enlightenment Is a Secret
Autobiography of an Awakening
My Master Is My Self

IN DEUTSCHER SPRACHE

Die Herausforderung der Erleuchtung
Erleuchtung ist ein Geheimnis
Wer hat den Mut, alleine in der Wahrheit zu stehen?

Mehr Information über Andrew Cohen und seine Lehre können Sie über folgende Adressen erhalten:

Moksha Foundation - *ein gemeinnütziger Verein, gegründet 1988, um die Lehre Andrew Cohens zu unterstützen und zu ermöglichen. Der Verein widmet sich der Erleuchtung des Individuums und verleiht der Erleuchtung in der Welt Ausdruck.*

FACE - Friends of Andrew Cohen Everywhere *steht für die weitere Schülerschaft Andrew Cohens, die in dem Bemühen vereint ist, geistige Gesundheit in einer kranken Welt zum Ausdruck zu bringen.*

MOKSHA FOUNDATION and
INTERNATIONAL CENTER FOR FACE
P.O. Box 2360
Lenox, MA 01240, USA
Tel: 001-413-637-6000 oder 800-376-3210
Fax: 001-413-637-6015
email: moksha@moksha.org
website: http://www.moksha.org

FACE KÖLN
Elsaßstr. 69
50677 Köln
Tel: 0221-310-1040
Fax: 0221-331-9439
e-mail: face_cologne@compuserve.com
website: http://www.moksha.org/face/cologne

FACE LONDON
Centre Studios
Englands Lane
London NW3 4YD, UK
Tel: 0044-171-483-3732
Fax: 0044-171-916-3170
email: 100074.3662@compuserve.com
website: http://www.moksha.org/faceag.htm

FACE AMSTERDAM
Oudeschans 46a
1011 LC Amsterdam, Holland
Tel: 0031-20-422-1616
Fax: 0031-20-422-2417
email: 100412.160@compuserve.com
website: http://www.moksha.org/face/nl

F.A.C.E. STOCKHOLM
Roslagsgatan 48, nb
11354 Stockholm, Schweden
Tel: 0046-8-458-9970
Fax: 0046-8-458-9971

FACE BOSTON
2269 Massachusetts Avenue
Cambridge, MA 02140, USA
Tel: 001-617-492-2848
Fax: 001-617-876-3525
email: 73214.602@compuserve.com

FACE NEW YORK
311 Broadway, suite 2A
New York, NY 10007, USA
Tel: 001-212-233-1930
Fax: 001-212-233-1986
email: info@faceny.org

FACE SYDNEY
479 Darling Street
Balmain, Sydney
NSW 2041, Australien
Tel: 001-61-2-9555-2932
Fax: 001-61-2-9555-2931
email: 105312.2467@compuserve.com